中国老翡翠
EARLY MODERN CHINESE JADEITE
十七至二十世纪中国翡翠艺术
Chinese Jadeite Art from the 17th to the 20th Century

下
Volume III

钟富苗　古　方　编著
Zhong Fumiao and Gu Fang

文物出版社
Cultural Relics Press

本卷图版目录

用　具

EARLY MODERN CHINESE JADEITE

中国老翡翠 十七至二十世纪中国翡翠艺术·下

文房

379 清　冰种阳绿五足碟形洗

直径 55 毫米　高 13 毫米

◆　冰种，质地细腻，局部飘绿。圆雕洗为碟
形状，圆口，口外撇，平底，底有五个三角形足，
足外撇。整器光素无纹。

380 清　冰种飘蓝海棠形洗

长 80 毫米　宽 51 毫米　高 25 毫米

◆ 冰种，色泽莹润，局部飘蓝花。圆雕洗为
海棠形。洗底部浮雕花草为足。

381 清 冰种葫芦形洗

长 96 毫米　宽 54 毫米　厚 31 毫米

◆ 冰种，质地细腻，色泽莹润。圆雕洗为束腰葫芦形状，葫芦藤蔓为柄，葫芦藤处为桯钻去料形成的形状及边角，部分葫芦蔓盘于器底为足，器壁雕琢有浮雕葫芦叶和蝙蝠，叶片处留有砣碾细阴线痕迹。

382 清　糯种桃形洗

长 121 毫米　宽 118 毫米　高 16.6 毫米

◆ 糯种，玉质细腻，淡绿色。形似盘，较浅，桃实形。柄为浮雕桃枝一杈，其上阴刻线雕琢的叶子。

383 民国 冰糯种"乾隆年制"款葫芦形洗

长 95.5 毫米　宽 58 毫米　高 22 毫米

◆ 冰糯种，质地细腻，色泽莹润。圆雕洗为束腰葫芦状，葫芦蔓自顶部缘葫芦曲折垂下，其上有形态各异的叶片，部分葫芦蔓盘于器底为足，底有"乾隆年制"四字寄托款。葫芦寓意"福禄"。

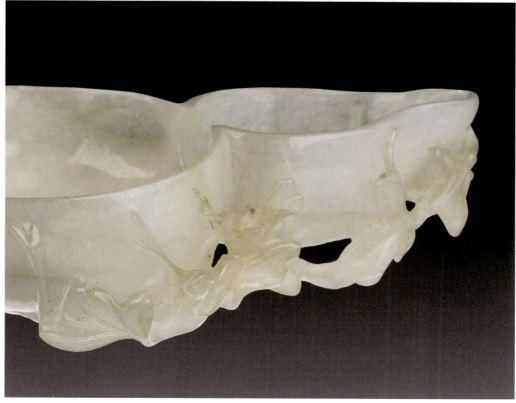

384 清　冰糯种三色桃形洗

长94毫米　宽48毫米　高10毫米

◆　冰糯种，质地细腻，色泽莹润，红、黄、
绿三色。圆雕洗为桃形，浅腹，底扁平。
边缘镂空雕刻缠枝花卉纹。

385 清 冰糯种荷叶形洗

长 80.3 毫米　宽 60.3 毫米　厚 8.9 毫米

◆ 冰糯种，质地细腻，局部飘黄翡。形似
荷叶，口沿内卷。

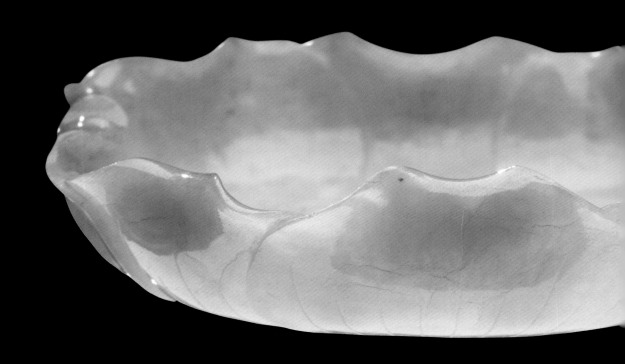

386 清　冰糯种荷叶形洗

长 82.6 毫米　宽 73 毫米　高 20 毫米

◆ 冰糯种，质地细腻，色泽莹润，泛淡紫色。
圆雕洗为荷叶形状，口沿内卷，底部扁平，
雕琢一荷叶，以阴刻线刻画筋脉，线条流
畅细腻。

387 清　冰种荷叶形洗

长 108 毫米　宽 87 毫米　高 10 毫米

◆ 冰种，质地细腻，局部飘黄翡。随形而雕成莲花形，底扁平。洗内壁雕琢成莲花纹，洗底部浅浮雕叶茎，含苞待放的荷花盘于器底为足。

388 清　冰糯种荷叶形洗

长 98.2 毫米　宽 85.3 毫米　高 9.9 毫米

◆　冰糯种，质地细腻，局部飘黄翡和蓝花。
随形而雕成荷叶形，口沿内卷。中间和背
面的荷叶叶筋用双阴刻线纹饰表示，线条
流畅自然。

389 清　糯种红翡荷叶形洗

长 290 毫米　宽 127 毫米　厚 15 毫米

◆ 糯种，质地细腻，轻薄透光，通体红翡，色泽鲜亮。呈弯卷的
荷叶形，叶边内卷。内壁阴刻线雕荷叶纹，底部浮雕花叶、花茎、
花蕾，叶脉，莲蓬、荷花、荷叶从荷叶细边缘探出，形态各异。

390 清　糯种三色荷叶形洗

长112毫米　宽79毫米　厚19毫米

◆ 糯种，质地细腻，色泽莹润，黄、绿、白三色，色彩丰富。呈荷叶形状，口沿内卷，底部扁平，雕琢一朵盛开的荷花，以浅浮雕和阴刻线刻画筋脉和纹理，莲藕探头延伸到洗外壁。阳绿巧雕昆虫休憩于洗内，为其增添了生气。

391 清　糯种叶形洗

长 98.6 毫米　宽 80 毫米　高 12 毫米

◆ 糯种，质地细腻，局部飘绿、黄色。器体为一舒展的叶子形状，口沿处微卷。内壁以阴刻线雕琢叶子的筋脉。洗底以双阴刻线雕琢叶脉，叶茎为洗柄，沿洗底部、外壁浮雕和镂雕叶茎、枝叶。

392 清　冰糯种三色鱼形洗

长 110 毫米　宽 57 毫米　厚 7.2 毫米

◆ 冰糯种，质地细腻，红、黄、绿三色。随形雕琢成鱼形，口为荷叶形，柄部雕成鱼尾状。底以浮雕和镂雕工艺雕刻茎根、叶子，佛手，游弋的鱼。妙趣横生，生动传神。

393 清　冰糯种蝠形洗

长 148 毫米　宽 118 毫米　高 12 毫米

◆ 冰糯种，玉质细腻，飘蓝花。洗随形而雕成蝙蝠形，似盘，较浅，口向内微卷。内部雕一只蝙蝠，中间为团寿纹，寓意福寿双全。洗底平，素面无纹。

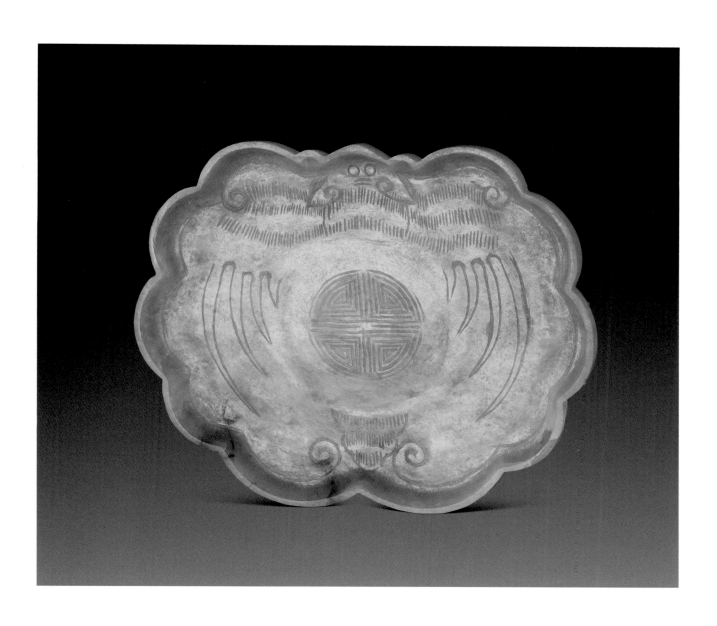

394 清　冰糯种黄翡巧色双螭如意洗

长 204 毫米　宽 103.1 毫米　高 40 毫米

◆　冰糯种，玉质细腻，色泽莹润，黄翡巧色。呈倭角如意形状，口微外斜，洗前壁两侧浮雕两只螭龙，黄翡巧色螭龙呈回首状，双目圆瞪，双角、双耳后竖，尾部卷翘。

395 清 糯种阳绿巧色池塘鸳鸯洗

长 222 毫米　宽 160 毫米　高 42 毫米

◆ 糯种，质地细腻，飘绿。随形而雕成荷叶状。口沿微卷，浅腹，底扁平。器内部高浮雕一对巧色鸳鸯，荷枝蔓为柄，部分枝蔓盘于器底为足。

396 清 糯种紫罗兰蝶耳活环洗（一对）

长 180 毫米　宽 140 毫米　高 35 毫米

◆ 糯种，质地细腻，泛紫罗兰色。圆口，口内收，弧腹，平底，假圈足。洗两侧浅浮雕蝶纹耳，耳下衔活环。

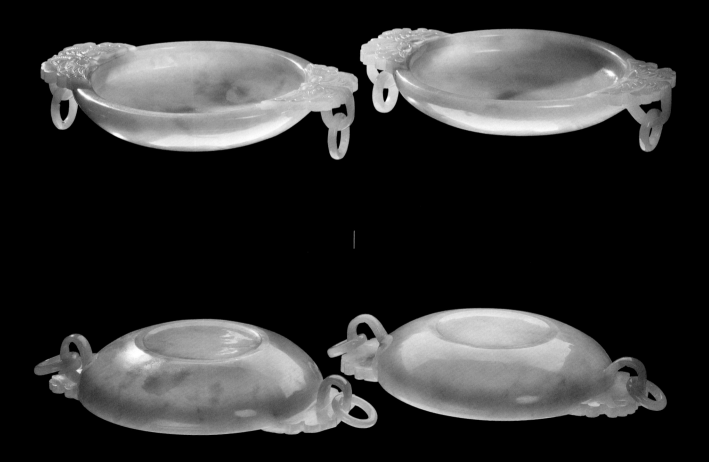

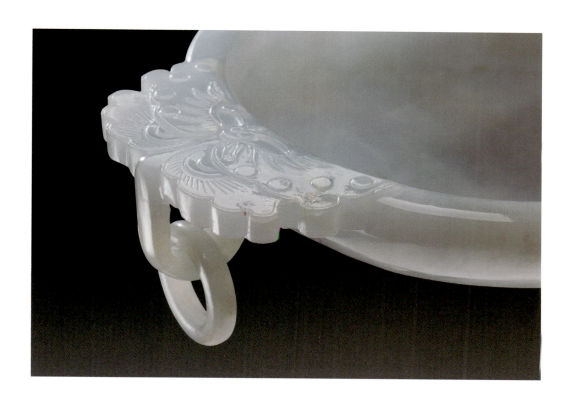

397 清　冰糯种三色荷塘清趣洗（一对）

大　长 210 毫米　宽 115 毫米　高 35 毫米
小　长 190 毫米　宽 105 毫米　高 35 毫米

◆　冰糯种，质地细腻，黄、红、白三色。随形而雕成花卉形，口沿内卷，洗外壁雕有花茎、花叶。花卉形的边缘以浮雕和镂雕工艺雕琢荷叶舒张、荷花含苞待放，草虫伏于荷叶上，似在小憩。草虫、荷花、荷叶为黄翡巧色。构思动静相宜，极富文人情趣。

398 清　冰种瓜形水盂

长 83.5 毫米　宽 56 毫米　厚 34.5 毫米

◆ 冰种,质地细腻,色泽莹润,淡青色。呈六瓣瓜棱形,圆口,鼓腹,
平底。以镂雕工艺从腹部伸出四枝茎叶,一枝茎叶环底,另三枝
自由伸展至盂口,以阴刻线表现叶片的筋脉和纹理。整器刻画细
致,掏膛干净利落。

平底，宽厚圈足。口沿下周饰回纹，腹部浅

浮雕蝙蝠、团寿，寓意"福寿双全"。

399 清　冰种福寿水盂

直径 53 毫米　高 38 毫米

◆ 冰种，质地细腻。圆形，无颈，溜肩，鼓腹，
平底，宽厚圈足。口沿下周饰回纹，腹部浅
浮雕蝙蝠、团寿，寓意"福寿双全"。

400 清　糯种红翡巧色鹿鹤同春大水盂

高 180.5 毫米　宽 160.5 毫米　厚 120.5 毫米

◆ 糯种，玉质细腻，红翡巧色。无颈溜肩，扁圆腹，平底。器壁以高浮雕和镂雕工艺，红翡巧色雕琢山石，梅枝，灵芝、松树、鹿、仙鹤、蝙蝠。鹿回首嘴衔梅枝，蝙蝠环抱灵芝，两只仙鹤回首而望，一只仙鹤嘴衔灵芝，旁边松横卧而上。图案布局疏密适中，花卉草木饱满逼真。寓意"鹿鹤同春"。

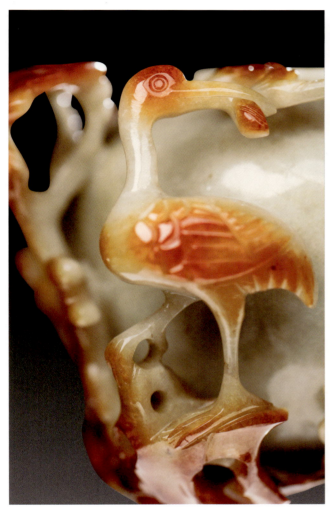

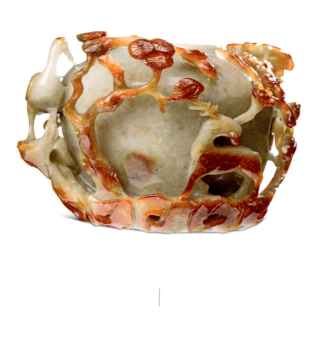

401 清　糯种飘绿岁岁平安水盂

长 92 毫米　宽 66.5 毫米　高 40 毫米

◆ 糯种，玉质细腻，飘绿。随形而雕，圆口内扣，圆肩，鼓腹内收至底，平底。腹部镂雕了一枝成熟饱满的稻穗，稻穗两边各有一鹌鹑，一为黄翡，一为绿色。鹌鹑、稻穗纹饰寓意"岁岁平安"。

402 清　糯种红翡巧色螭龙水盂

长 170 毫米　宽 85 毫米　高 87.6 毫米

◆ 糯种，玉质细腻，红翡巧色。随形而琢，掏膛成洗，口为椭圆形。洗壁匍匐三条红翡巧色螭龙，双目圆睁，张牙舞爪，角和两耳后竖。尾部雕琢成卷云纹，彼此卷曲相缠。雕琢工艺极为精湛，栩栩如生。

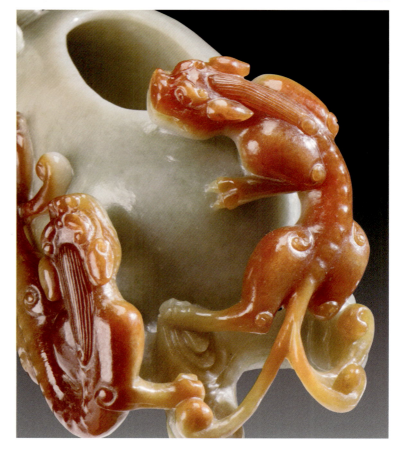

403 清　冰糯种岁岁平安荷叶水盂

长 160 毫米　高 160 毫米　厚 76 毫米

◆ 冰糯种,玉质细腻、飘绿。随形呈荷叶形,口沿卷边,
鼓腹内收至底。洗腹部以线刻雕琢麦穗叶,底以镂雕
工艺雕琢成熟饱满的麦穗,数只鹌鹑立于麦穗上,鹌
鹑、稻穗纹饰寓意"岁岁平安"。

404 清　冰种带绿三龙古布形笔洗

长 112 毫米　宽 70 毫米　厚 52 毫米

◆ 冰种,质地细腻,色泽莹润,飘绿。呈古布状,外壁以镂雕和浅浮雕工艺如意纹,双龙匍匐于洗壁一侧,双目圆睁,张牙舞爪,角和两耳后竖,尾部雕琢成如意纹,彼此卷曲相缠。另一侧雕一龙,嘴衔如意。洗底部平直,巧雕五只龟作足。

405 清 冰糯种三色螭龙钮方章

高 55 毫米 宽 37.5 毫米

◆ 冰糯种，质地细腻，带有黄、绿、白三色。螭龙钮，昂首挺胸，双眼圆睁，双耳后竖微卷，螭龙四爪着地，尾部内卷。印面光素无印文，工艺精堪，为典型宫廷器。

—

406 民国　糯种紫罗兰印章

高 38 毫米　印面边长 16 毫米

◆ 糯种，质地细腻，通体紫罗兰色。造型方正，
棱角分明，顶部呈圆弧形。

407 民国 冰糯种持莲童子印章（一对）

高 45.2 毫米　直径 12.6 毫米

◆ 冰糯种，质地较为细腻。印面光素，钮为持荷童子，童子呈
盘坐状，手持莲茎。

408 清 冰种狮钮印章（一对）

印面边长 16.7 毫米　高 54.6 毫米

◆ 冰种，质地通透。钮为双狮，呈站立状，
侧身回首凝视，双耳竖起，张嘴露齿，尾巴
上翘，前肢直立，后肢弯曲。印面光素无印文。

409 清　冰种飘绿狮钮印章

印面边长 21.4 毫米　高 53 毫米

◆　冰种，质地细腻，色泽莹润，飘绿。狮钮，
侧身回首凝视，双耳垂下，四肢卧于身下，尾
部卷曲。印面光素无印文。

410 清　糯种带绿瓜迭连绵盖盒

高60毫米　宽87毫米　厚71毫米

◆ 糯种，质地细腻，飘绿。盖为圆形，钮为高浮雕鸟衔瓜果。盒
体圆口，鼓腹，底扁平。盖身高浮雕鸟衔瓜果，与盖纹饰互相呼应。
寓意"瓜迭连绵。"

411 清　糯种阳绿印泥盒

高 43.7 毫米　直径 57.2 毫米

◆ 糯种，玉质细腻，飘阳绿。器型为圆柱体，分为盖与盒体两部分，子母口。内残留有旧时印泥。

412 清　冰种阳绿螭龙纹印泥盒

高 30 毫米　直径 58 毫米

◆　冰种，质地细腻，飘阳绿。器分盖和盒两部分，扁圆形，盖、盒口沿一周饰回纹，盒身以浅浮雕工艺满饰螭龙纹，圈足，外撇。

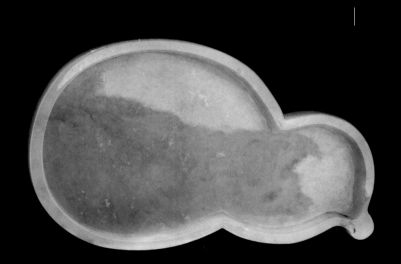

413 民国　冰糯种葫芦形砚

长 15 毫米　宽 96 毫米　高 12.3 毫米

◆　冰糯种，质地细腻。为束腰葫芦形状，葫
芦形口，口平直，浅腹，平底。

414 清　糯种鹿鹤同春笔架

长 117 毫米　宽 23.3 毫米　高 70 毫米

◆　糯种，玉质细腻，带黄翡。松枝斜卧，松下卧一鹿，呈伏卧状。

仙鹤立于枝上，回首凝望，嘴衔松针，寓意"鹿鹤同春"。

415 清 冰糯种瑞兽笔架

长 109 毫米　宽 34 毫米　高 33 毫米

◆ 冰糯种，质地细腻，色泽莹润，飘紫。笔架随形圆雕成一瑞兽，呈伏卧回首状，角后掠，双耳贴于额头两侧，尾部上卷。一枝连枝从瑞兽腹部伸出，绕到身体另一侧和尾部，高浮雕出两枝莲蓬。

416 清　冰种飘蓝瑞兽笔架

长 80 毫米　宽 29 毫米　高 16 毫米

◆　冰种，玉质细腻，色泽莹润，飘蓝花。圆雕笔架随形雕琢成瑞兽形状，瑞兽呈伏卧状，角后竖，两耳卷曲竖于两侧，用卷云纹雕琢出瑞兽的鬃毛，足部镂雕成圆洞。

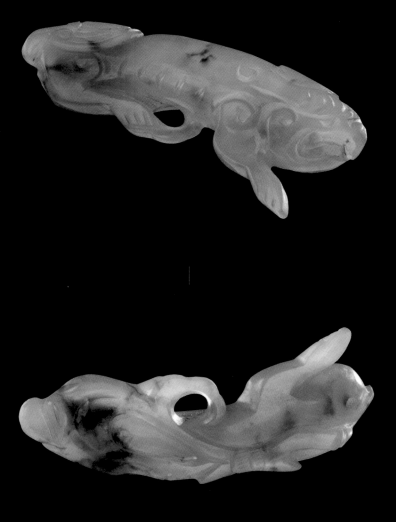

417 清　冰糯种翡翠毛笔

长 223 毫米　直径 13 毫米

◆　冰糯种，质地细腻，色泽莹润。笔筒、笔帽为圆柱形，此器笔管与笔帽配套，用一块翠料琢成。

418 清　糯种竹节形臂搁

长 150 毫米　宽 69 毫米　厚 16 毫米

◆ 糯种,质地细腻,淡绿色,局部有黄色石皮。面弧内凹呈竹片形,
正面浮雕竹枝竹叶,一侧巧借石皮圆雕蝙蝠、灵芝。背面光素内凹。
臂搁为文人案头书写时用以枕腕之工具。

419 清 糯种弦纹墨床

长 47.4 毫米　宽 28.5 毫米　高 22.8 毫米

◆ 糯种，质地细腻。下卷几案形，表面呈长方形，两端内卷呈回形。墨床为在研墨时稍事停歇，以供临时搁墨之物。

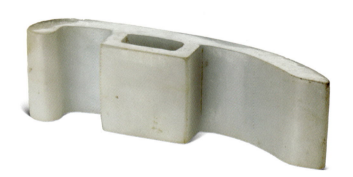

420 清　糯种勾云纹剑璏形墨床

长 89.6 毫米　宽 27.3 毫米　高 18.5 毫米

◆ 糯种，温润细腻。器形为长方形，两端下垂，器表减地隐起对称勾云纹，底面有长方形銎孔。

421 清　冰糯种红翡勾云纹剑璏形墨床

长 77 毫米　宽 20 毫米　高 12 毫米

◆ 冰糯种，质地温润细腻，红翡色。器形为长方形，两端下卷，器表减地隐起对称的星云纹，底面有长方形銎孔。

雕琢成卷几形，表面呈长方形，两端内卷呈
环状。

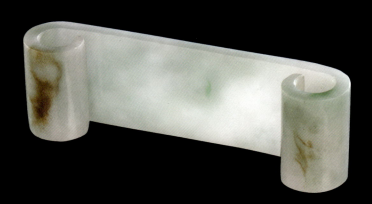

422 清　糯种墨床

长99毫米　宽32毫米　高21毫米

◆ 糯种，质地细腻，飘绿。以圆雕工艺随形
雕琢成卷几形，表面呈长方形，两端内卷呈
环状。

423 清　糯种镇纸

长 80 毫米　宽 37 毫米　高 18 毫米

◆ 糯种，质地细密，飘绿色。长方体状。

424 清 糯种黄翡巧色双螭镇纸

长 230 毫米　宽 31.6 毫米　高 37.8 毫米

◆ 糯种，质地细腻。镇纸为长方形，正面以镂雕和浮雕工艺雕琢双螭，相背而卧，尾尾相连，以细密的阴刻线表现毛发。一螭回首而望，另一螭直视前方，双螭嘴衔黄翡巧色折枝牡丹。背面边上一周连续回纹，中间雕团寿纹。

425 清　冰糯种痕都斯坦风格羊首笔舔

长 108 毫米　宽 68 毫米　高 13 毫米

◆　冰糯种，质地细腻，白、黄、绿三色。圆雕洗为羊首，雕琢
成瓜瓣形洗身，口向内微卷。一侧收拢并向内弯曲转至羊首，成
为器柄。整器造型别致，具有典型的痕都斯坦风格。

426 清　糯种三色水盂砚屏

高 180 毫米　宽 140 毫米　厚 49.1 毫米

◆　糯种，质地细腻，色泽莹润，白、绿、黄三色。此件水盂砚屏为一体，砚屏为圆形，外环光素无纹，中心减地浮雕一松，枝干斜卧，松下二仙鹤回首相望。砚屏两侧下端各巧色镂雕一蝙蝠，环抱海棠形连盖水盂，水盂上卧一小鸟，与砚屏背景图案相互呼应，融为一体。

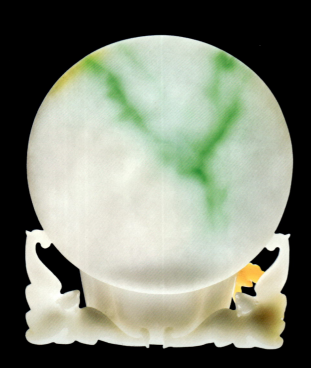

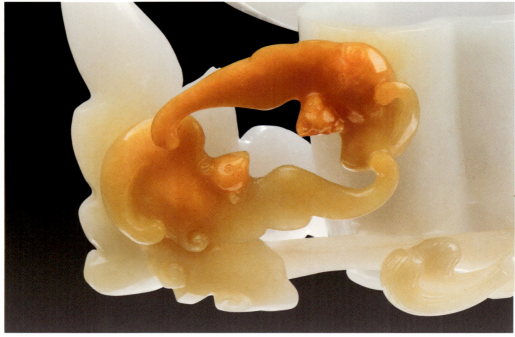

用 具

427 清 糯种福寿双全方形带扣

长 58.1 毫米　宽 47.8 毫米　厚 12.9 毫米

◆ 糯种，质地较细腻。方扣呈长方形，外圈周饰回纹，中间为浅浮雕工艺，双蝠捧寿。寓意"福寿双全"。器背有长方形钮，一侧有穿孔。

冰糯种鱼跃龙门方形带扣

40.3 毫米　厚 12.6 毫米

地细腻。呈长方形。器表以阴刻线雕
楼造型，上刻"龙门"二字，底部雕
鱼儿破浪而出，奋勇向上。器背一侧
一侧为长方形钮。

周饰回纹，器表内侧中间线刻云龙纹。器背一侧有圆形钮、一侧
为长方形钮。

429 清　糯种龙纹倭角方形带扣

长 64.5 毫米　宽 46.3 毫米　厚 16.4 毫米

◆ 糯种，质地较细腻，局部飘绿。呈长方形，四角内倭。外圈
周饰回纹，器表内侧中间线刻云龙纹。器背一侧有圆形钮、一侧
为长方形钮。

430 清　冰糯种福寿双全方形带扣

长 66.7 毫米　宽 53.8 毫米　厚 11.7 毫米

◆　冰糯种，质地较细腻，带黄翡。方扣呈长方形，外圈周饰回纹，中间为浅浮雕工艺双蝠捧寿。器背一侧有椭圆形钮，一侧有穿孔。

431 清　糯种飘紫松鹿纹方形带扣

长 78.8 毫米　宽 50 毫米　厚 14.2 毫米

◆　糯种，质地细腻，微带紫色。呈长方形。采用浅浮雕工艺雕琢一怪石嶙峋，松下伏卧梅花鹿，回首而望。器背两侧有对称的方形钮。

432 清　冰糯种松鹤延年方形带扣

长 71.1 毫米　宽 53.9 毫米　厚 19.6 毫米

◆　冰糯种，质地细腻，局部飘绿。器表浅浮雕松鹤山林，画面
寓意"松鹤延年"。

433 清　冰糯种福禄寿方形带扣

长 56.1 毫米　宽 80.2 毫米　厚 16.6 毫米

◆ 冰糯种，质地细腻，色泽莹润，飘紫。呈长方形，松下一梅花鹿，呈回首伏卧状，前肢弯曲，后肢站立，蝙蝠呈展翅飞翔状。松、鹿、蝙蝠寓意"福禄寿"。背面两侧各有一方形钮。

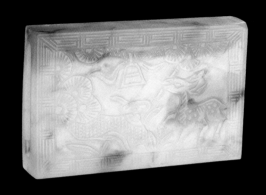

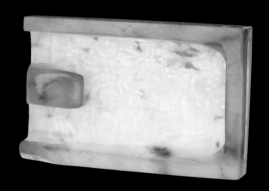

434 清　冰种鹿望金钟方形带扣

长 47 毫米　宽 70.7 毫米　厚 12 毫米

◆ 冰种，玉质细腻，色泽莹润，飘蓝花。呈长方形，周饰回纹，松树枝上悬有金钟一口，鹿于松下抬首望向金钟，寓意"鹿望金钟"。背面一侧为穿孔，另一侧为方形钮。

435 清 冰糯种福字倭角方形带扣

长 66.4 毫米　宽 49 毫米　厚 13.4 毫米

◆ 冰糯种，质地细腻，色泽莹润，飘绿。呈长方形，倭角。中心部分雕刻"福"字，背面一侧为穿孔，一侧为方形钮。

436 清 冰种飘蓝云龙纹方形带扣

长 78.5 毫米 宽 40.4 毫米 厚 10.7 毫米

◆ 冰种，质地细腻，色泽莹润，局部飘蓝花。呈长方形，以减
地浮雕工艺表现穿云龙纹。背面两侧各有一方形钮。

437 清　冰糯种双龙捧寿方形带扣

长 55.3 毫米　宽 65.8 毫米　厚 11.6 毫米

◆ 冰糯种，质地细腻，色泽莹润，飘绿。以减地浅浮雕双龙捧寿纹饰，寓意"双龙捧寿"。器背一侧有一方形钮，一侧有穿孔。背面有原海外藏家题刻。

438 清　糯种飘绿镂空双龙捧寿倭角方形带扣

长 51.2 毫米　宽 50.7 毫米　厚 11.1 毫米

◆ 糯种，质地细腻，色泽莹润，局部飘绿。带扣呈长方形，外圈一周回形纹，中间采用镂雕工艺，篆体寿字位于中心位置，两侧双龙卷吻翘尾拱力护托，寓意"双龙捧寿"。器背一侧有长方形钮，一侧有穿孔。

◆ 糯种，质地细腻，局部飘绿。呈长方形，外圈周饰回纹，中间以镂雕技法雕琢两只正对的蝙蝠，环抱福字。器背一侧有穿孔、一侧为长方形钮。

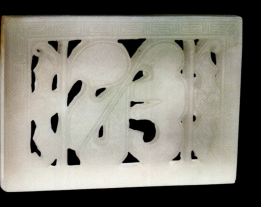

440 清　糯种红翡双蝠捧寿倭角方形带扣

长 62.8 毫米　宽 51.8 毫米　厚 11.4 毫米

◆ 糯种，质地细腻，红翡。倭角长方形。器表为红翡色，外圈周饰回纹，中为镂空双蝠捧寿。器背一侧为方形钮，一侧为穿孔。

441 清 冰种镂空双蝠龙纹方形带扣

长 92.6 毫米 宽 48.9 毫米 厚 19.6 毫米

◆ 冰种，质地细腻，色泽莹润。呈长方形凹凸状，中间凸起部分为方形，外圈回纹，中镂雕龙纹，两边凹下部分为长方形，边饰回纹，中间各镂雕蝙蝠，互为对称。背面一侧为穿孔，一侧为方形钮。

442 清 糯种龙纹圆形带扣

直径 57.4 毫米　厚 10.4 毫米

◆ 糯种，质地细腻，局部飘绿色。呈圆形。外圈周饰回纹，中为螭龙纹。器背一侧有穿孔、一侧为方形钮。

 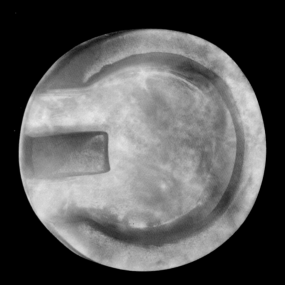

443 清　冰糯种团寿纹圆形带扣

直径 58.1 毫米　厚 13.2 毫米

◆ 冰糯种，质地细腻，色泽莹润，局部飘绿色。呈圆形，外圈周饰回纹，内圈光素无纹，中央线刻团寿纹。器背一方形钮，一穿孔。

冰糯种，质地细腻，色泽莹润，局部飘蓝色。呈圆形。外圈周饰回纹，内圈中央线刻团寿纹。器背一方形钮，一穿孔。

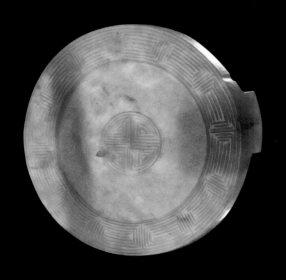

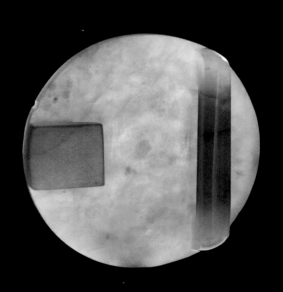

444 清　冰糯种团寿纹圆形带扣

直径 54 毫米　厚 13.6 毫米

◆ 冰糯种，质地细腻，色泽莹润，局部飘蓝色。呈圆形。外圈周饰回纹，内圈中央线刻团寿纹。器背一方形钮，一穿孔。

445 清　冰种花草纹圆形带扣

直径 57.8 毫米　厚 11.3 毫米

◆　冰种，质地细腻，色泽莹润，局部飘蓝花。
呈圆形，外圈周饰回纹，内圈线刻花草纹。器
背一侧穿孔、一侧方形钮。

446 清　冰糯种双蝠捧寿圆形带扣

直径 60 毫米　厚 11 毫米

◆ 冰糯种，质地细腻，色泽莹润。呈圆形，外圈一道刻线，内圈双蝠捧寿。器背一侧穿孔、一侧方形钮。

447 清　糯种阳绿松鹤延年圆形带扣

直径 56.2 毫米　厚 9.7 毫米

◆ 糯种，质地细腻，色泽莹润，局部飘阳绿。呈圆形，器表阴刻鹤回首立于松下，寓意"松鹤延年"。器背一侧穿孔、一侧方形钮。

448 清　冰种云龙纹圆形带扣

长 52.5 毫米　宽 48.5 毫米　厚 8.5 毫米

◆　冰种，质地细腻，色泽莹润，外圈周饰回纹，内圈线刻云龙纹。
器背一侧穿孔，一侧方形钮。

449 清　糯种花草纹圆形带扣

直径 57.4 毫米　厚 12.8 毫米

◆ 糯种，质地细腻，色泽莹润，局部飘黄色。
呈圆形，器表减地浮雕花草纹，器背有一对方
形钮。

450 清 冰种双蝠捧寿圆形带扣

直径 53 毫米　厚 9.9 毫米

◆ 冰种，质地纽腻，色泽莹润，飘绿。呈圆形，外圈周饰回纹，
内圈线刻双蝠捧寿。器背有一方形钮，一侧有穿孔。

451 清　冰糯种团寿纹花形带扣

直径 56.7 毫米　厚 15 毫米

◆ 冰糯种，质地细腻，色泽莹润，淡绿色。呈圆花瓣形。采用浅浮雕工艺，中间花蕊为团寿纹。器背一方形钮，一穿孔。

蝠蝠状。以卷云纹和阴刻线表现蝙蝠的翅膀和羽毛。器背一侧为穿孔，一侧为长方形钮。

452 清 冰种蝠形带扣

长 80 毫米　宽 50 毫米　厚 10.5 毫米

◆ 冰种，质地细腻，色泽莹润。随形而雕成蝙蝠状，以卷云纹和阴刻线表现蝙蝠的翅膀和羽毛。器背一侧为穿孔，一侧为长方形钮。

453 清　冰种蝠形带扣

长 70.4 毫米　宽 42.8 毫米　厚 12.5 毫米

◆ 冰种，质地细腻，色泽莹润。随形而雕呈展翅欲飞的蝙蝠状。以卷云纹、阴刻线、浅浮雕技法表现蝙蝠的眼睛、翅膀和羽毛。器背一侧为圆形钮，一侧为方形钮。

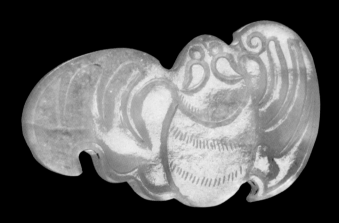

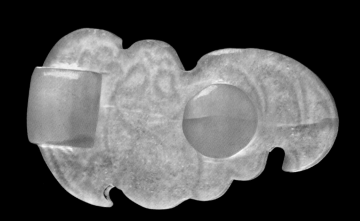

454 清　冰种蝠形带扣

长 77.9 毫米　宽 50.3 毫米　厚 11.6 毫米

◆ 冰种，质地细腻，色泽莹润。随形而雕呈展翅欲飞的蝙蝠形状。以卷云纹、阴刻线表现蝙蝠的翅膀和羽毛。器背一侧为长方形穿孔，一侧为方形钮。

的翅膀和羽毛。器背有一对圆形钮。

455 清 糯种蝠形带扣

长 78.1 毫米　宽 49 毫米　厚 12.7 毫米

◆ 糯种，质地细腻，通体红翡，色泽艳丽。红翡巧色镂雕呈嘴衔桃枝的蝙蝠状。蝙蝠双目圆睁，双耳后竖。以阴刻线表现蝙蝠的翅膀和羽毛。器背有一对圆形钮。

456 清　冰种蝠形带扣

长 77.7 毫米　宽 64.8 毫米　厚 13.1 毫米

◆ 冰种，质地细腻，色泽莹润，紫罗兰飘绿。随形而雕成展翅欲飞的蝙蝠形状。蝙蝠双目圆睁，两耳后竖。以卷云纹、平行阴刻线表现蝙蝠的翅膀、身体和羽毛。器背一侧为长方形穿孔，一侧为方形钮。

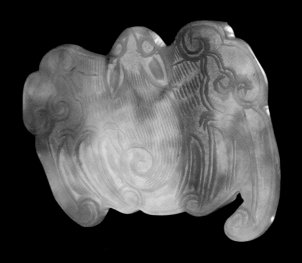

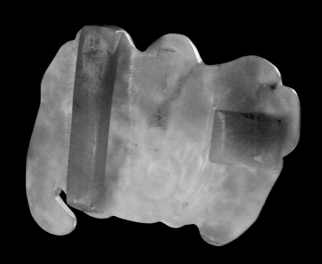

457 清 冰种蝠形带扣

长 89.5 毫米　宽 60 毫米　厚 16.3 毫米

◆ 冰种，质地细腻，色泽莹润。以镂空技法表现展翅欲飞的蝙蝠。
蝙蝠双目圆睁，两耳后竖。以卷云纹、平行阴刻线表现蝙蝠的翅膀、
身体和羽毛。器背一侧为长方形穿孔，一侧为方形钮。

458 清 糯种蝠形带扣

长 89 毫米　宽 59.6 毫米　厚 9.6 毫米

◆ 糯种，质地细腻，带黄翡。呈展翅欲飞的蝙蝠状。蝙蝠双目圆睁，两耳后竖。以卷云纹、平行阴刻线、团寿纹表现蝙蝠的翅膀、身体和羽毛。器背一侧为长方形穿孔，一侧为方形钮。

459 清　冰糯种蝠形带扣

长 88.2 毫米　宽 65.2 毫米　厚 16.9 毫米

◆ 冰糯种，质地细腻，色泽莹润，淡紫色。以镂空技法表现展翅欲飞的蝙蝠状。蝙蝠双目圆睁，两耳后竖。以卷云纹、平行阴刻线表现蝙蝠的翅膀、身体和羽毛。器背一侧为长方形穿孔，一侧为方形钮。

460 清 糯种蝠形带扣

长 104 毫米　宽 59 毫米　厚 13 毫米

◆ 糯种，质地细腻，色泽莹润。蝙蝠呈侧身昂首状，双目圆睁，耳后竖。以卷云纹、平行阴刻线表现蝙蝠的翅膀、身体和乏毛。器背一侧为方形钮，一侧为长方形穿孔。

器背一侧为方形钮，一侧为长方形穿孔。

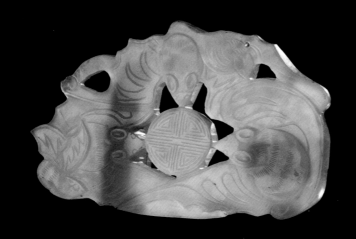

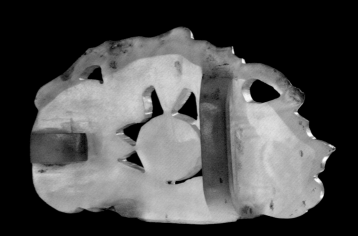

461 清　冰种三蝠捧寿形带扣

长 100 毫米　宽 64 毫米　厚 15 毫米

◆　冰种，质地细腻，晶莹通透，淡紫色。以
镂空和线刻工艺，雕琢出三只蝙蝠，围着"寿"
字，蝙蝠的头部和身体以细阴刻线表现。背面
一侧为穿孔，一侧为方形钮。

462 清　糯种蝠形带扣

长64毫米　宽52毫米　厚15毫米

◆　糯种，玉质细腻，色泽莹润。以镂雕技法表现展翅欲飞的蝙蝠状，蝙蝠双目圆睁，双耳内洼后竖，双翅上线刻卷云纹，身体尾部和尾翼卷曲。背面一侧为穿孔，另一侧为方形钮。

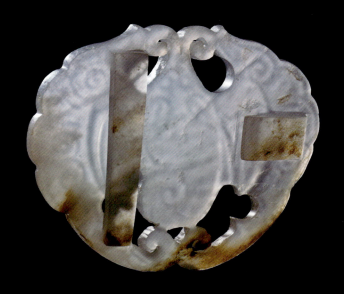

463 清　冰种蝠形带扣

长 93 毫米　宽 79 毫米　厚 14 毫米

◆ 冰种，玉质细腻，晶莹剔透。以镂雕技法表现展翅欲飞的蝙蝠状，双目圆睁，双耳内洼后竖，尾部上卷。背面一侧为穿孔，另一侧为方形钮。

464 清　冰糯种双胜形带扣

长 90 毫米　宽 47.8 毫米　厚 15.3 毫米

◆　冰糯种，质地细腻，色泽莹润，双胜是传统的装饰题材，图案以两个菱形相叠一起。该器采用镂雕工艺表现两个相扣的菱形。器背一侧为穿孔，一侧为方形钮。

465 清 冰糯种双胜形带扣

长 94.7 毫米　宽 50.1 毫米　厚 15.1 毫米

◆ 冰糯种，质地细腻，色泽莹润。器背一侧
为穿孔，一侧为燕尾形钮。

466 清　糯种双胜形带扣

长 102.6 毫米　宽 52.1 毫米　厚 12.3 毫米

◆ 糯种，质地细腻，色泽莹润，飘绿。器背
一侧为穿孔，一侧为燕尾形钮。

◆ 冰糯种，质地细腻，色泽莹润。器背一
侧为穿孔，一侧为方形钮。

467 清　冰糯种双胜形带扣

长 103.3 毫米　宽 50.9 毫米　厚 16.6 毫米

◆ 冰糯种，质地细腻，色泽莹润。器背一
侧为穿孔，一侧为方形钮。

468 清　冰糯种双环形带扣

长 71 毫米　宽 49 毫米　厚 12 毫米

◆　冰糯种，质地细腻，色泽莹润。采用镂空技法雕琢双环形。环内外各周饰团寿纹。器背一侧为穿孔，一侧为方形钮。

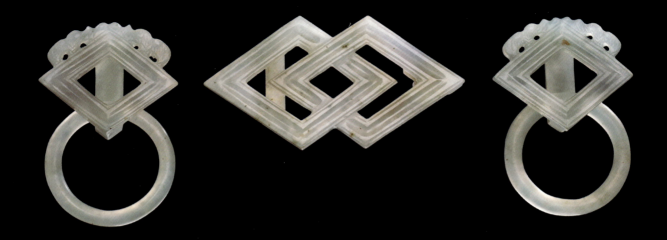

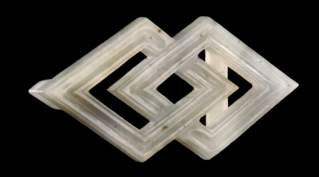

469 清　冰种双胜形带扣提携一套

带扣　长 95 毫米　宽 50.5 毫米　厚 15 毫米
提携　长 42.7 毫米　宽 50 毫米　厚 17.2 毫米
活环　直径 47.2 毫米

◆ 冰种，质地细腻，色泽莹润，飘淡紫色。所谓提携，便是腰带上的挂扣，该器为一件带扣、一对提携。带扣采用镂雕工艺表现两个相扣的菱形，器背为一穿孔，一燕尾形钮。提携为一菱形，菱形上镂雕蝙蝠，下衔活环，后有穿孔。

470 清　糯种红翡巧色双狮形带扣

长 84 毫米　宽 54 毫米　厚 20 毫米

◆ 糯种，质地细腻，色泽莹润，通体红翡，色彩艳丽。双狮嬉戏，大狮双目圆睁，耳后竖，神情威武，目视前方，幼狮抬头仰望大狮，双爪紧贴其身，两狮环抱绣球，其毛发、绣球以细阴刻线表现。器背一侧为圆形钮，一侧为方形钮。

471 清　糯种红翡双狮形带扣

长 89 毫米　宽 69 毫米　厚 18 毫米

◆　糯种，质地细腻，色泽莹润，通体红翡。双狮嬉戏，大狮双目圆睁，双耳垂于两侧，尾部翘起呈如意纹，幼狮呈动态伏卧状，抬头仰望大狮，双爪紧贴其身，嘴衔绣球，背面一侧有穿孔，一侧有方钮。

472 清　糯种红翡双狮形带扣

长 99 毫米　宽 69 毫米　厚 19 毫米

◆　糯种，质地细腻，色泽莹润通体红翡。作双狮戏球纹，背面一侧穿孔，一侧方钮。

狮呈伏卧状，双耳垂于两侧，幼狮呈伏卧状，紧贴其身，以阴刻
线来表现其毛发。背面有两个花卉纹形钮。

473 清　糯种阳绿双狮形带扣

长 65 毫米　宽 49 毫米　厚 23 毫米

◆　糯种，质地细腻，飘阳绿。呈椭圆形，正面浮雕双狮相戏，大
狮呈伏卧状，双耳垂于两侧，幼狮呈伏卧状，紧贴其身，以阴刻
线来表现其毛发。背面有两个花卉纹形钮。

474 清　糯种阳绿双狮形带扣

长 89.2 毫米　宽 60 毫米　厚 27 毫米

◆　糯种，质地细腻，飘阳绿。以镂空技法表
现双狮相戏。背面一侧穿孔，一侧方钮。

475 清　糯种麒麟吐书形带扣

长 91 毫米　宽 66 毫米　厚 12 毫米

◆　糯种，质地细腻，色泽莹润。以镂雕工艺雕琢成麒麟脚踩祥云，呈回首状，双目圆睁，角直竖，嘴大张，吐出玉书。麒麟吐书、寓意祥瑞降生、圣贤诞生。器背有穿孔，三个方形钮。

476 清　冰种牡丹花形带扣

长 92 毫米　宽 67.8 毫米　厚 16 毫米

◆ 冰种，晶莹通透。呈牡丹花形，器背一侧
穿孔，一侧方形钮。

477 清　冰种牡丹花形带扣

长 80 毫米　宽 57 毫米　厚 10 毫米

◆　冰种，晶莹剔透，淡绿色。采用镂空技法表现牡丹花状。器背一侧穿孔，一侧方形钮。

478 清　冰种飘绿龙首带钩

长 96 毫米　宽 24 毫米　厚 22 毫米

◆ 冰种，晶莹剔透，飘绿俗称"湖水绿"。钩首为龙首，双目圆睁，两耳后竖，大嘴微闭。钩腹圆弧凸出，光素无纹，腹下为光素椭圆形钮。

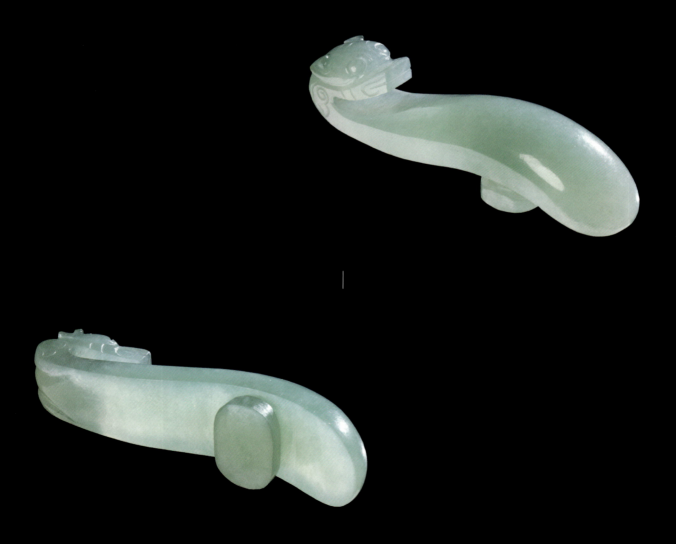

479 清 冰种春带彩龙首带钩

长 83 毫米　宽 19 毫米　厚 19 毫米

◆ 冰种，晶莹剔透飘紫带绿，俗称"春带彩"。钩首为龙首，双目圆睁，高鼻凸嘴，双角后卷。钩腹圆弧凸出，光素无纹，腹下为光素方形钮。

480 清　糯种红翡巧色龙首带钩

长 69 毫米　宽 19 毫米　厚 21 毫米

◆ 糯种，质地细腻，带红翡。钩首圆雕一龙首，双角后竖卷起，双耳凸起，双眼凸起。钩体呈弧形，近尾端有一圆形钮。

481 清 冰糯种红翡巧色带钩

长 73 毫米　宽 13 毫米　厚 16 毫米

◆ 冰糯种，玉质细腻，带红翡。钩首圆雕一
龙首，双角后竖卷起位于两侧，双耳凸起，双
目圆睁。钩体呈弧形，弧度较大，近尾端有一
圆形钮，龙首红翡巧色。

482 清　冰糯种阳绿苍龙教子带钩

长 77 毫米　宽 15 毫米　厚 17 毫米

◆ 冰糯种，色泽莹润，飘阳绿。钩首圆雕一龙首，双角微微突出，额头光滑无饰纹，眼睛凸起，张口露牙。板状钩身化为龙身，下突圆钮，其上镂雕一小螭龙，毛发后飘，曲身，抬首与大龙相对而视，呈现出"苍龙教子"之意。

483 清　冰糯种红翡巧色苍龙教子带钩

长78毫米　宽18毫米　厚24毫米

◆　冰糯种，色泽莹润。钩首圆雕一龙首，双角微突直竖，双耳后卷，毛发后卷，眼睛凸起，张口露牙。有"苍龙教子"之意。

484 清 冰糯种红翡巧色苍龙教子带钩

长 87 毫米　宽 18 毫米　厚 18 毫米

◆ 冰糯种，玉质细腻，红翡巧色。钩首圆雕一龙首，双角微突直竖，双耳后卷，毛发后卷至反面，以阴刻线表现，双眼凸起，呈回首状。板状钩身化为龙身，下突圆钮，其上镂雕一小螭龙，毛发卷曲，身躯婉转弯曲，抬首与大龙相对而视，大龙与小龙红翡巧色，呈现出"苍龙教子"之意。

485 清　冰糯种阳绿巧色苍龙教子带钩

长 79 毫米　宽 16 毫米　厚 13 毫米

◆ 冰糯种，玉质细腻，阳绿巧色。钩首圆雕一龙首，双角微突，毛发后卷至背面，以阴刻线表现，眼睛凸起，庄重威严。腹上雕一小螭龙，毛发卷曲，身躯婉转弯曲，抬首与大龙相对而视，大龙与小龙为阳绿巧色，寓意"苍龙教子"。

眼睛凸起。腹上镂雕一小螭龙，爬行其上与龙头相对，寓意"苍龙教子"。

486 清　糯种阳绿苍龙教子带钩

长 92 毫米　宽 21 毫米　厚 21 毫米

◆ 糯种，玉质细腻，飘阳绿，俗称"白底青"。钩首圆雕一龙首，双角微突后竖，双耳立于两侧，毛发后卷至背面，以阴刻线表现，眼睛凸起。腹上镂雕一小螭龙，爬行其上与龙头相对，寓意"苍龙教子"。

487 清　冰糯种红翡巧色苍龙教子带钩

长 78 毫米　宽 16 毫米　厚 25 毫米

◆ 冰糯种，色泽莹润，红翡巧色。钩首圆雕一龙首，双角后竖弯卷，双耳贴于两侧，阴刻线表现毛发，眼睛凸起，张口露牙。腹上镂雕一小螭龙，爬行其上与大龙相对，寓意"苍龙教子"。

488 清　糯种红翡巧色苍龙教子带钩

长 88 毫米　宽 21 毫米　厚 29 毫米

◆　糯种，玉质细腻，红翡巧色。钩首圆雕大龙首，呈回首状，双
角后竖弯卷，双耳贴于两侧，阴刻线表现毛发，眼睛凸起，张口
露牙。腹上浮雕一小螭龙，爬行其上与龙头相对,寓意"苍龙教子"。

489 清 糯种苍龙教子带扣

长 85 毫米 宽 49 毫米 厚 27 毫米

◆ 糯种，玉质细腻。钩首圆雕一龙首，额头一圈乳钉纹，双耳贴于两侧，阴刻线表现毛发，眼睛凸起。腹上浮雕一小螭龙，爬行其上与龙头相对，身体弯曲缠绕。带钩钩体一圈回纹。寓意"苍龙教子"。背面有一圆形钮，上饰线刻纹饰。为子母扣之一半，另一半缺失。

490 清　糯种红翡巧色苍龙教子带钩

长 141 毫米　宽 24 毫米　厚 31 毫米

◆ 糯种，玉质细腻，红翡巧色。钩首圆雕一龙首，双角后竖，双耳贴于两侧，阴刻线表现毛发，眼睛凸起。腹上浮雕一小螭龙，爬行其上与龙头相对，寓意"苍龙教子"。钩身有断后接。

491 清 糯种红翡巧色苍龙教子带钩

长 93 毫米　宽 19.1 毫米　厚 26.3 毫米

◆ 糯种，玉质细腻，红翡巧色。钩首圆雕一龙首，双角后竖卷曲，双耳贴于两侧，阴刻线表现毛发，眼睛凸起，张嘴露牙。腹上浮雕一小螭龙，爬行其上与大龙相对而望，寓意"苍龙教子"。

492 清 糯种苍龙教子带钩

长 110 毫米　宽 26 毫米　厚 22 毫米

◆ 糯种,玉质细腻。钩首圆雕一龙首,双角微突后竖,双耳卷曲立于两侧,毛发后卷至背面,以阴刻线表现,眼睛凸起,张口露牙。腹上镂雕一小螭龙,爬行其上与龙头相对,寓意"苍龙教子"。

493 清　糯种红翡巧色苍龙教子带钩

长 110 毫米　宽 24 毫米　厚 30 毫米

◆　糯种，玉质细腻，红翡巧色。钩首圆雕一龙首，双角后竖弯卷，双耳贴于两侧，阴刻线表现毛发，眼睛凸起，庄重威严。腹上浮雕一小螭龙，爬行其上与龙头相对，寓意"苍龙教子"。

494 清　冰糯种红翡巧色苍龙教子带钩

长 81.6 毫米　宽 18.4 毫米　厚 21.6 毫米

◆ 冰糯种,玉质细腻,红翡巧色。钩首圆雕一龙首,双角微突后竖,双耳立于两侧,眼睛凸起。腹上镂雕一小螭龙,爬行其上与龙头相对,寓意"苍龙教子"。

495 清　冰糯种红翡巧色苍龙教子带钩

长 102 毫米　宽 27 毫米　厚 31 毫米

◆ 冰糯种，质地细腻，色泽莹润，红翡巧色。钩首圆雕一龙首，双角后竖，双耳卷起，眼睛凸起。腹上镂雕一小螭龙，爬行其上与龙头相对，寓意"苍龙教子"。

496 清　料仿翡翠苍龙教子带钩

长 85.9 毫米　宽 19.1 毫米　高 22.3 毫米

◆ 料器，仿翡翠三彩。钩首大螭回首，与小螭相对而望。天然的红色翡翠很少，此器采用料器代替翡翠加工而成，此为清代北京地区特有的料器工艺。

497 清 冰糯种红翡巧色苍龙教子带钩

长78毫米 宽16毫米 厚23毫米

◆ 冰糯种，质地细腻，色泽莹润，红翡巧色。钩首圆雕一龙首，双角后竖，双耳凸起，双目圆睁。腹上镂雕一小螭龙，爬行其上与龙头相对，寓意"苍龙教子"。背面有一圆形钮。

498 清　糯种红翡巧色带扣一套

子　长53毫米　宽28毫米　厚16毫米
母　长48毫米　宽29毫米　厚17毫米

◆　糯种，质地细腻，色泽莹润。带扣，分子扣和母扣，正面红翡巧色镂雕二螭，子扣上红翡巧色浮雕龙头，将两扣相连，开合自如，琢刻精细。子母扣背面各有一椭圆形钮。

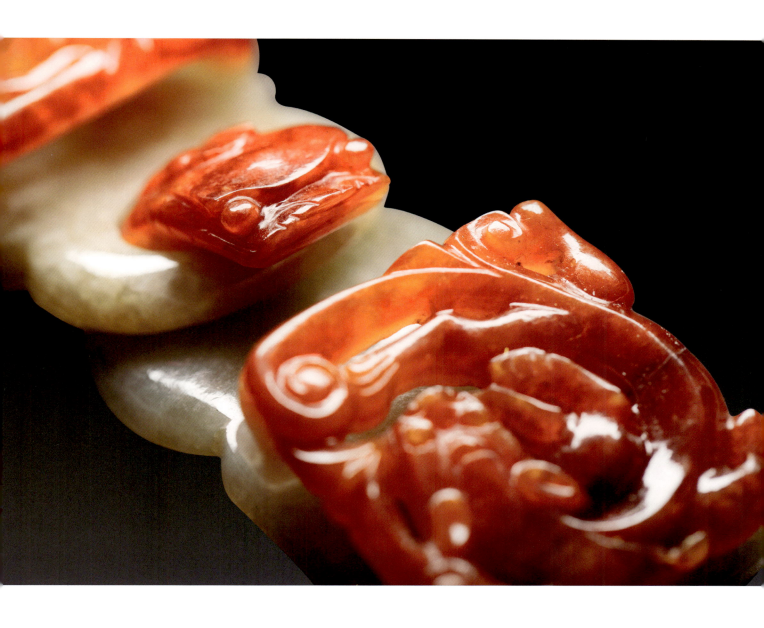

499 清　糯种翡翠巧色带扣两套

翡子　长 60 毫米　宽 35 毫米　厚 19 毫米
母　　长 56 毫米　宽 35 毫米　厚 18 毫米
翠子　长 61 毫米　宽 35 毫米　厚 21 毫米
母　　长 58 毫米　宽 35 毫米　厚 21 毫米

◆　糯种，质地细腻，色泽莹润。子母带扣两件，分子扣和母扣，一件为红翡巧雕，正面巧色镂雕二螭龙，子扣上红翡巧色龙头，将两扣相连，开合自如。另一件为阳绿巧色，正面阳绿巧色镂雕二螭龙，子扣上阳绿巧色龙头，将两扣相连，开合自如。子扣母扣背面各有一圆形钮。

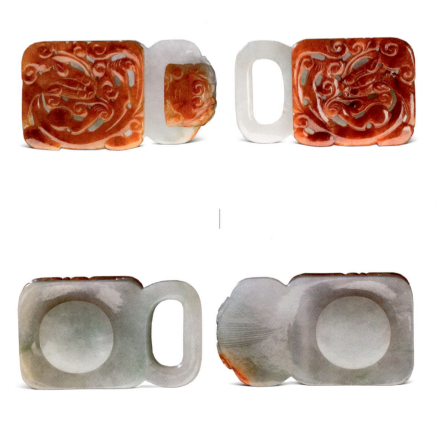

500 清　糯种嵌碧玺带扣

子　长 93 毫米　宽 51 毫米　厚 22 毫米
母　长 74 毫米　宽 52 毫米　厚 20 毫米

◆ 糯种，质地细腻，色泽莹润。以铜鎏金镶嵌出子扣和母扣，以镶嵌碧玺的钮连接子扣和母扣，镶嵌椭圆形翡翠，上浅浮雕狮纹。背部各有两组穿孔。

501 清　糯种阳绿嵌碧玺带扣

子　长 55.1 毫米　宽 30 毫米　厚 20.7 毫米
母　长 46.2 毫米　宽 29.5 毫米　厚 17.2 毫米

◆ 糯种，质地细腻，带阳绿。分子扣和母扣，
外为铜鎏金托，镶嵌长方形翡翠。子扣上镶嵌
一圆形碧玺，将两扣相连，开合自如，琢刻精细。
子扣母口背面各有两组穿孔。

502 清 襟扣三件

大 长 57 毫米 宽 27 毫米 厚 5 毫米
中 长 35 毫米 宽 19 毫米 厚 6 毫米
小 长 26 毫米 宽 14 毫米 厚 4 毫米

◆ 种地不一，质地较为细腻。襟扣是传统
服装中使用的一种纽扣，用来固定衣襟。

503 清　糯种阳绿襟扣

长 62.8 毫米　宽 53 毫米　厚 3.9 毫米

◆　糯种，质地细腻，色泽莹润，带阳绿。
呈椭圆形，襟扣分为子母扣。一仙子手持
荷叶，一仙子手捧宝盒。和合二仙题材寓
意合和美满。

504 清　糯种福寿镂空提携（一对）

长 93 毫米　宽 62 毫米　厚 11 毫米

◆ 糯种，质地细腻。采用镂雕工艺，上部为长方形，外圈周饰回纹，中间镂雕寿字。下衔蝙蝠纹环，寓意"福寿双全"。

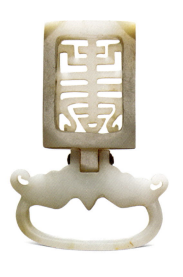

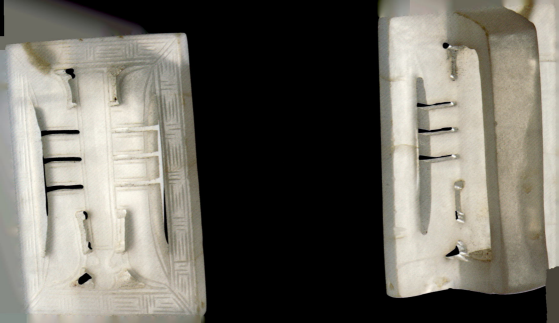

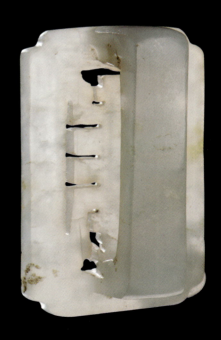

506 清　冰糯种寿字倭角提携

长 47 毫米　宽 32 毫米　厚 16 毫米

◆ 冰糯种，质地细腻，色泽莹润。呈倭角长方形，外圈周饰回纹，中间采用镂空"寿"字，背面一穿孔。

507 清　冰种福字提携（一对）

长 43 毫米　宽 41 毫米　厚 15 毫米

◆ 冰种，质地细腻，晶莹通透，飘绿色。以
镂空工艺雕琢福字，后有穿孔。

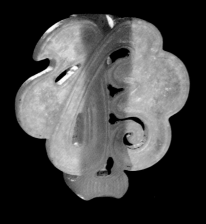

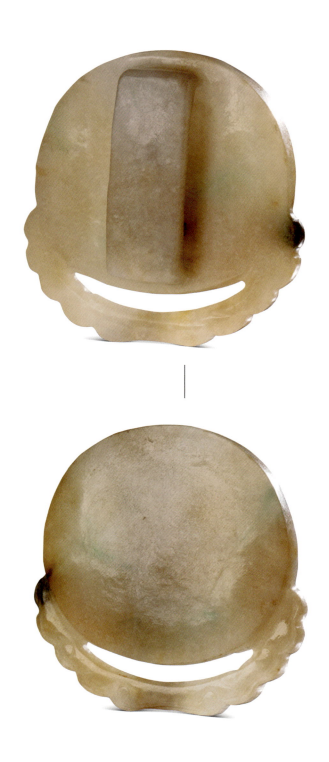

508 清　糯种提携

长 51 毫米　宽 50 毫米　厚 12 毫米

◆ 糯种，质地较为细腻，飘绿色。圆形，光素无纹，提携一侧边缘镂雕小连弧状环。背面有穿孔。

509 清　冰种鼻烟壶

高 53.9 毫米　宽 38.5 毫米　厚 27.9 毫米

◆ 冰种，晶莹通透，局部飘绿色。圆形小口，半圆形盖，椭圆形扁圆腹，椭圆形圈足。腹部雕缠枝花卉纹。

510 清 冰种鼻烟壶

高 66 毫米　宽 49 毫米　厚 34 毫米

◆ 冰种，质地细腻，晶莹通透，黄褐色。鼻烟壶小口，镶嵌蓝宝石盖（鎏金部分已氧化），椭圆形扁圆腹，底部内收。此器形为典型"京作"样式。

511 清　糯种红翡金鱼纹鼻烟壶

高 58 毫米　宽 40 毫米　厚 33 毫米

◆ 糯种，质地细腻，带红翡，色泽艳丽。鼻烟壶圆口，短颈，美人肩，椭圆形扁圆腹，平底。腹身线刻两条游弋的金鱼，双目圆睁，嘴巴微张，菱形网格纹鱼鳞，叶形尾。

512 清　糯种春带彩云龙纹鼻烟壶

高 81 毫米　宽 52 毫米　厚 21 毫米

◆　糯种，质地细腻，色泽莹润，局部飘绿色和淡紫色
俗称"春苛彩"。鼻烟壶琥珀盖，下连象牙勺，圆口，
束颈，椭圆形扁圆腹，椭圆形圈足。腹身满饰云龙纹，
布满全器，底部一周波浪纹。

513 清　糯种花卉纹鼻烟壶

高 66 毫米　宽 52 毫米　厚 18 毫米

◆　糯种,质地较为细腻,飘绿色。鼻烟壶小口,
莲花座式盖,上镶嵌红珊瑚,椭圆形扁圆腹,
椭圆形足。两面雕缠枝花卉纹。一面腹部周
饰回纹,中间浅浮雕梅花。另一面中央线刻
菊花纹。

514 清 冰糯种扁圆鼻烟壶

高 48 毫米 宽 36.6 毫米 厚 17.9 毫米

◆ 冰糯种,玉质细腻,飘绿色。圆柱形象牙盖,
圆口,直颈,美人肩,椭圆形扁圆腹,平底,
镶嵌椭圆形鎏金箍。两面各一圈凸棱纹。

515 清　冰种阳绿泛舟图鼻烟壶

高60毫米　宽46毫米　厚25毫米

◆ 冰种，质地细腻，色泽莹润，局部飘阳绿。壶身雕刻一幅泛舟图。碧玺盖，下连珊瑚勺，圆口，束颈，美人肩，椭圆形扁圆腹，椭圆形圈足。一面浅浮雕一叶小舟，童子在舟前眺望远处，船夫划桨而行，另一面场景变换，小舟刚刚露出一角，童子出现在画面中，旁边雕刻小亭。两面纹饰互相呼应，融为一体。

◆ 糯种，质地细腻，色泽莹润，带红翡。呈扁圆形。鎏金盖带勺，
圆口，束颈、美人肩，腹部束收至底，圈足。

516 清 糯种红翡鼻烟壶

高 70 毫米　宽 38 毫米　厚 21 毫米

◆ 糯种，质地细腻，色泽莹润，带红翡。呈扁圆形。鎏金盖带勺，
圆口，束颈、美人肩，腹部束收至底，圈足。

517 清　糯种带绿葫芦形鼻烟壶

高 52 毫米　宽 30 毫米　厚 20 毫米

◆　糯种，质地细腻，色泽莹润，淡绿色。器身呈葫芦形，随形
枝叶盖，圆口，上小下大，底部内收。腹部缠绕枝叶藤蔓。

518 清 冰糯种红翡巧色松鼠葡萄鼻烟壶

高 79 毫米　宽 41 毫米　厚 25 毫米

◆ 冰糯种，质地细腻，色泽莹润，红翡巧色。圆口，一侧雕一萌态可掬的松鼠，双目圆睁，双耳竖立，匍匐于藤枝上，葡萄垂落于身旁。另一侧红翡巧色镂雕折枝葡萄，颗粒饱满，叶片舒展。

519 清　糯种红翡巧色双瓜形鼻烟壶

高 51 毫米　宽 59 毫米　厚 25 毫米

◆　糯种，质地细腻，色泽莹润，红翡巧色。双瓜形，圆口，瓜棱形收底，小圈足。从底部镂雕叶茎,器壁浅浮雕展翅飞翔的蝴蝶，红翡巧色舒展的花叶。

520 清　糯种三色福寿鼻烟壶

高 50 毫米　宽 38 毫米　厚 22 毫米

◆ 糯种，质地细腻，红、绿、白三色，色彩丰富。器形为佛手、寿桃，器身外侧镂雕盘绕的枝叶，红翡巧色两颗寿桃，以阴刻线表现枝叶的弧度和弯曲状。

一面红翡巧雕一片瓜叶，上有蝉和秋虫。另一面线刻一片瓜叶，线条舒展流畅。

521 清　糯种三色瓜形烟壶

高 46 毫米　宽 44 毫米　厚 27 毫米

◆ 糯种，质地细腻，红、绿、白三色。呈瓜形，腹部略扁，瓜蒂形盖，底部八瓣瓜棱内收。一面红翡巧雕一片瓜叶，上有蝉和秋虫。另一面线刻一片瓜叶，线条舒展流畅。

522 清 糯种红翡巧色瓜形鼻烟壶

高 54 毫米　宽 47 毫米　厚 31 毫米

◆ 糯种，质地细腻，红翡巧色。瓜形，叶形盖，底部内收。器壁红翡巧色花卉纹、展翅飞翔的蝴蝶、蝙蝠，画面生动有趣，寓意"福迭"。

523 清　糯种发簪一套

大　长 76 毫米　宽 12 毫米　厚 4 毫米
小　长 64 毫米　宽 13 毫米　厚 4 毫米

◆ 糯种，质地细腻，青黄色。双尖簪两端中
起棱，收腰。小簪一瑞呈叶棱状，一端细尖。
此为西南地区清代常见的妇女头饰。

◆ 糯种，质地细腻，带黄翡。呈如意形状。簪身作扁形，簪首朝前弯转，呈如意头状，琢双蝠捧寿纹。寓意"福寿双全"。

524 清　糯种如意形团首簪

长104毫米　宽28毫米　厚9毫米

◆ 糯种，质地细腻，带黄翡。呈如意形状。簪身作扁形，簪首朝前弯转，呈如意头状，琢双蝠捧寿纹。寓意"福寿双全"。

525 清 冰糯种如意形团首簪

长 98 毫米　宽 27 毫米　厚 10 毫米

◆ 冰糯种，质地细腻。呈如意形状。簪身作扁形，簪首朝前弯转，呈如意头状。寓意"福寿双全"。

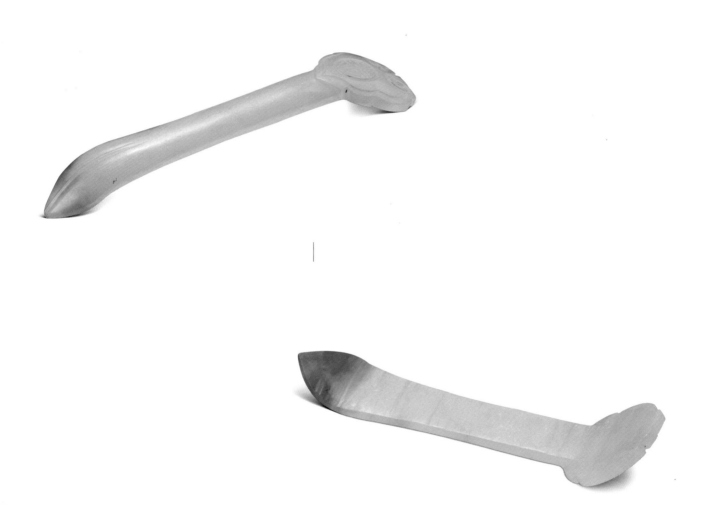

糯种，质地细腻，色泽莹润。簪身琢成
竹节形。

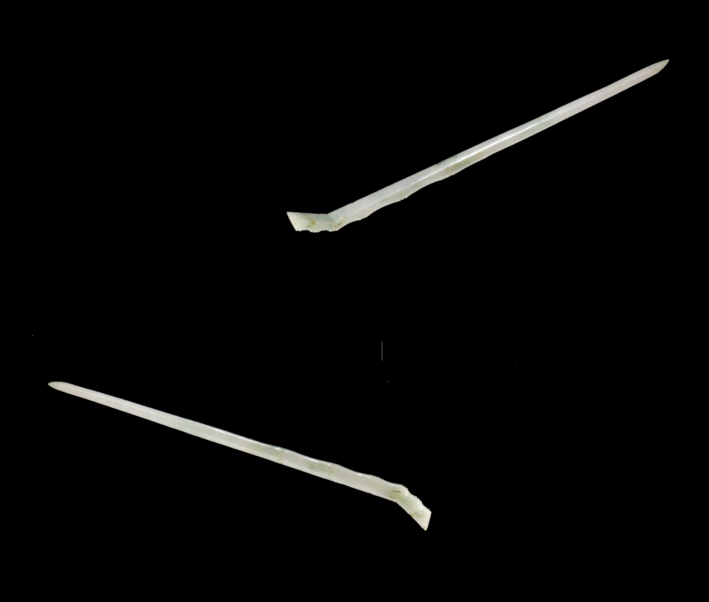

526 明 糯种竹节形簪

长 170 毫米　宽 8 毫米　厚 6 毫米

◆ 糯种，质地细腻，色泽莹润。簪身琢成
竹节形。

527 清 冰糯种扁方簪

长160毫米 宽12毫米 厚3毫米

◆ 冰糯种，质地细腻，飘蓝花。扁方簪，簪首方折，器身光素，为清代常见妇女头饰。

528 清 糯种福庆双喜翎管（两件）

直径 18 毫米　高 71 毫米

◆ 糯种，质地细腻，色泽莹润。圆筒状，顶部一半椭圆形钮，上钻孔。管内中空，器壁上浮雕黄翡巧色蝠、磬、双喜。另一管也为圆筒状，顶部一半椭圆形钮，上钻孔，管内中空。器壁阳绿巧色蝠、磬、双喜。翎管，为清代官帽后用以安插花翎之用。

529 清 翎管三件

左　直径 14.8 毫米　长 67.6 毫米
中　直径 16.4 毫米　长 69 毫米
右　直径 14.7 毫米　长 66 毫米

◆　种地，颜色不一。质地细腻，色泽莹润。一为飘红翡，一为白底青，一为阳绿。均为圆筒状，顶部有穿孔。管内中空，通体素面无纹。

530 清 糯种阳绿翎管

高 60.9 毫米 直径 16.3 毫米

◆ 糯种，质地细腻，色泽莹润，带阳绿。圆
筒状，顶部有半椭圆形钮，上有穿孔。管内
中空，全器素面无纹。

531 清 冰种飘蓝花八棱烟锅

直径 10 毫米　长 33 毫米

◆ 冰种，晶莹通透，飘蓝花。烟锅两头为八
棱状，两端粗，中间细，略细的一头连接烟杆，
粗的一端为盛放烟草的锅。

532 清 烟嘴七件

大小不一

◆ 种地不一，质地细腻。

533 清　冰种烟嘴鸦片烟枪

通长 630 毫米

◆　冰种,晶莹剔透,有沁色。烟枪,由烟嘴、烟杆、烟头组成。烟嘴、堵头为翡翠材质，竹杆、白铜嵌宝带紫陶斗。

534 清　冰种鸦片烟嘴

直径 19 毫米　高 42 毫米

◆ 冰种，晶莹通透。呈圆柱体状，上窄下宽，越往下中部越空，烟嘴头有孔。

535 清　鸦片烟具一组

大小不一

◆ 种地不一，质地细腻，为清代鸦片烟枪用具。

536 清 糯种烟膏盒

高 58.4 毫米　直径 35.6 毫米

◆ 糯种，质地细腻。呈圆柱体状，子母口，
圆形盖，略有弧度，腹下垂，平底。

冰种,质地细腻,色泽莹润通透,飘蓝花。呈盘子状,敞口,圈足,外撇。

537 清 冰种烟碟（一对）

直径 38.7 毫米 高 7.6 毫米

◆ 冰种,质地细腻,色泽莹润通透,飘蓝花。呈盘子状,敞口,圈足,外撇。

◆ 冰糯种，晶莹通透。呈盘子状，敞口，宽
厚圈足。

538 清　冰糯种烟碟（一对）

直径54毫米　高4毫米

◆ 冰糯种，晶莹通透。呈盘子状，敞口，宽
厚圈足。

539 清 冰种烟碟

直径36毫米 高7毫米

◆ 冰种，晶莹通透。呈盘子状，敞口，圈足，外撇。

540 清　糯种海屋添筹瓦子

长 107 毫米　宽 90 毫米　厚 26 毫米

◆　糯种，玉质细腻，色泽莹润。呈椭圆形，正面高浮雕海屋添筹纹饰。底部以细阴刻
线雕琢成波浪纹，象征海面。海面上漂浮着亭台楼阁，即所谓的海屋，亭台上空雕琢云
头如意纹。天空中仙鹤衔筹，欲飞往亭中，寓意"添筹"。背面凹，为椭圆形。海屋添筹，
为明清常见祝寿题材。

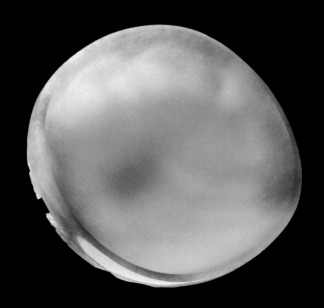

541 清　糯种镂空一路清廉瓦子

长73毫米　宽65毫米　厚15毫米

◆　糯种，质地细腻。呈椭圆形，镂空雕莲叶荷塘及鹭鸶，
寓意"一路清廉"。

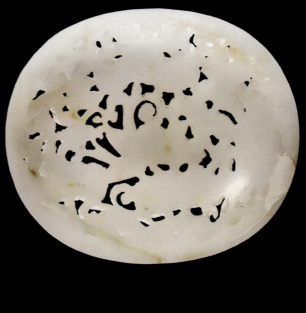

542 清 冰糯种花型镶嵌件

长 95 毫米　宽 82 毫米　厚 8 毫米

◆ 冰糯种,质地细腻,飘蓝花。呈牡丹花卉形。
为带扣改制。

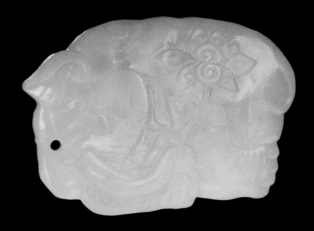

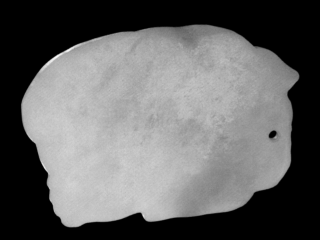

543 清　糯种象形镶嵌件

长 58 毫米　宽 41 毫米　厚 8 毫米

◆　糯种，质地细腻，淡紫色。采用浅浮雕工艺雕琢一小象，萌态可掬，回首而望，有一管钻孔。

544 清　糯种阳绿坠饰（七件）

长18毫米　宽13毫米　厚6毫米　大小不一

◆ 糯种，白底青。五件为寿桃状，一件为瓜瓣形。为另一件为瑞兽状，为压襟上的坠子。

545 清　各式弥勒佛帽花（七件）

长 36 毫米　宽 32 毫米　厚 7 毫米　大小不一

◆ 种地不一，质地细腻，飘绿色。呈大肚弥勒佛形，为盘腿坐卧状。

546 清　各式帽花（十七件）

直径 38 毫米　厚 4 毫米　大小不一

◆　种地不一，形态不一。帽花流行于明清至
民国时期，是缀在帽上的饰物。

547 清 各式帽花（十三件）

直径20毫米 厚3毫米 大小不一

◆ 种地不一，形式各样。帽花流行于明清至
民国时期，是缀在帽上的饰物。

548 清　帽花一套

大　长27毫米 厚8毫米
小　长11毫米 厚2毫米 大小不一

◆ 种地不一，形态各异，缝缀于帽上。

◆ 冰种，晶莹通透，飘绿。

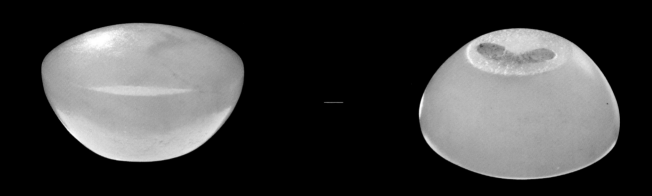

549 清 冰种纽扣

直径 13 毫米 厚 8 毫米

◆ 冰种，晶莹通透，飘绿。

550 清　冰种纽扣一组（十五颗）

直径 23 毫米　厚 4 毫米　大小不一

552 清 包饰（七件）

长 54 毫米　宽 38 毫米　厚 6 毫米

◆ 种地不一，质地细腻，色泽莹润，飘绿。
随形而雕呈方形和叶子形荷包扣。4 件通体素
面无纹，1 件周边雕琢三四道平形的阴刻线。
1 件周边以横阴刻线和竖阴刻线组合的纹饰，
中间有寿字纹。叶子形荷包扣以双阴刻线表
现叶子的筋脉和纹路。中有两个管钻孔。

4

1

6

3

5

2

553 清 舍利瓶（六个）

1 高 23 毫米　腹径 8 毫米
2 高 25 毫米　腹径 8 毫米
3 高 26 毫米　腹径 11 毫米
4 高 29 毫米　腹径 14 毫米
5 高 30 毫米　腹径 14 毫米
6 高 30 毫米　腹径 14 毫米

◆ 种地不一，质地细腻，其中大部分为圆锥状体，顶部呈半圆形。其中一舍利瓶椭圆形，可以分开，两侧对耳，穿孔，其中一端镶嵌红宝石连接，内有舍利子。外壁都有雕刻有"寿"字和"阿弥陀佛"字样。

554 明 糯种"早登天界"冥牌

长 72 毫米　宽 39 毫米　厚 4 毫米

◆　糯种，质地细腻，飘绿色。呈椭圆形，上下两
边平直，左右呈弧形。正反两面线刻"早登天界、
玉骨不朽"八字。两侧各有一单面孔。

555 清　冰糯种"阿弥陀佛"冥牌

直径 50 毫米　厚 3 毫米

◆　冰糯种，质地细腻，飘绿色。呈圆形。一面线刻
盛开的莲花，花上刻"佛"字。另一面正中央雕团寿纹，
周边刻"阿弥陀佛"四字。两侧各有一管钻孔。

556 清　冰糯种花开见佛冥牌

直径 53 毫米　厚 4 毫米

◆　冰糯种，质地细腻，呈圆形，一面线刻盛
开的莲花，莲花上刻"佛"字，寓意"花开见佛"。
另一面正中央雕团寿纹。

557 清　糯种团寿冥牌

直径93毫米　厚7毫米

◆　糯种，玉质细腻，飘绿。呈圆形。正面中央线刻团寿纹。四周边沿各有一管钻孔。背面光素。

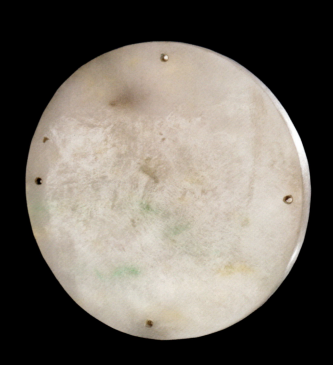

长 150 毫米

◆ 冰种,质地细腻,飘绿花。上部为镂雕持荷童子,双手持莲茎,莲茎绕过头部连活环,足踏莲蓬。下部为弯钩。有连生贵子之意。

559 清 冰糯种汤匙

通长 370 毫米　宽 49 毫米　厚 4 毫米

◆ 冰糯种，质地细腻，色泽莹润，淡绿色。勺头椭圆形，敞口，弧腹，底平直。曲柄和勺头为一体，两边内收，柄尾外翘。

560 清 冰糯种翡翠筷子（六双）

大　长 200 毫米　直径 8.7 毫米
小　长 16.4 毫米　直径 8 毫米

◆ 冰糯种，质地细腻，色泽莹润，飘蓝花。呈圆
柱体状，首粗足细。

器柄为翡翠质，冰糯种，质地细腻，色泽莹润，淡紫色。

561 民国　冰糯种紫罗兰西洋餐具（三套）

刀长70毫米　叉长40毫米

◆ 器柄为翡翠质，冰糯种，质地细腻，色泽莹润，淡紫色。

562 清　糯种葫芦形水洗半成品

长 118 毫米　宽 55 毫米　厚 32 毫米

◆　糯种，质地较为细腻，以圆雕技法随形而雕呈剖开的葫芦形笔洗，此器未加工完成，为半成品。底部有三个管钻孔，及砣具痕迹。

563 清 镯心料

高 47 毫米　直径 57 毫米　大小不一

◆　种地不一，质地细腻，圆柱体状，上有管钻痕迹和切割痕迹为手镯取料后剩余边角料。

后 记

　　《中国老翡翠 —— 十七至二十世纪中国翡翠艺术》一书的策划和编写，得到了原故宫博物院院长、原国家文物局局长吕济民先生始终热心关怀本书的出版工作，并于九十二岁的耄耋之年亲为作序。腾冲翡翠协会会长杨儒、翡翠博物馆馆长黄永康、滇西资深的文史学者张竹邦老师、保山市南红协会聂劲松等，为本书的研究内容提供了丰富的参考资料。云南省博物馆研究馆员王丽明老师为本书提供了丰富的考古出土资料，对于翡翠输入中原之路的考证与梳理带来了重要的作用。同时，还要感谢腾冲翡翠玉雕厂原厂长杜茂盛老先生等为代表的腾冲、和顺乃至大理地区的老翡翠艺人，正是他们的口述历史，让我们得以清晰地了解近代翡翠的加工工艺和延续时间。感谢云南收藏家余泳澎先生亲为向导，带领我们重走马帮之路，翻山越岭寻访先人足迹，从而更好地理解了翡翠原料的输入与加工过程。最后，还要感谢中国作协主席团荣誉委员、著名作家黄济人、云南省博物馆副馆长戴宗品、著名媒体主编高波、中国收藏家协会玉器专业委员会副秘书长陈旭、企业家况涛、收藏家昝婕、谭其飞、谭平岳等许许多多在本书编纂历程中给予了关心和帮助的朋友，祈愿本书的出版能够对近代翡翠艺术的研究与传播起到推动作用。

　　寒来暑往凡两载，本书的编纂终于接近尾声，看着一件件老翡翠经过整理、拍摄、撰写最终成书的经历，确实是一份饱含艰辛与收获的历程。如果说从有志于近代翡翠艺术的收藏与研究，并著录出版这一想法开始算起，已然过去了二十年，回首这二十年，老翡翠所给予我的既是商海沉浮中的慰藉，更是人生旅途中的伴侣。希望这本书能让更多的人走进翡翠艺术这一中国玉文化中的重要组成部分，体会温润之道，感受瑰丽之美。

钟富苗

2020 年 8 月于重庆瑾瑜山房